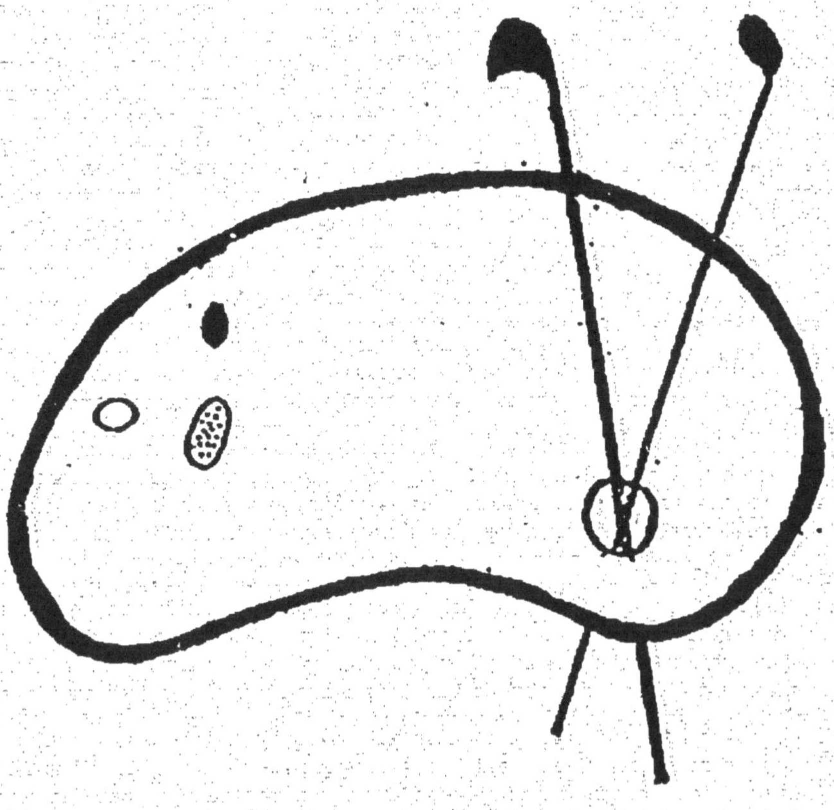

DEBUT D'UNE SERIE DE DOCUMENTS
EN COULEUR

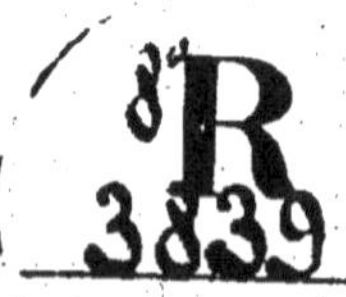

LA QUESTION SOCIALE

INTÉRÊT COMMUN

ENTRE

PATRONS ET OUVRIERS

PAR

DE LAFOLLYE

PARIS
LIBRAIRIE DE LA SOCIÉTÉ BIBLIOGRAPHIQUE
MAURICE TARDIEU, DIRECTEUR
35, rue de Grenelle, 35.

1881

TOURS. — IMPRIMERIE MAZEREAU.

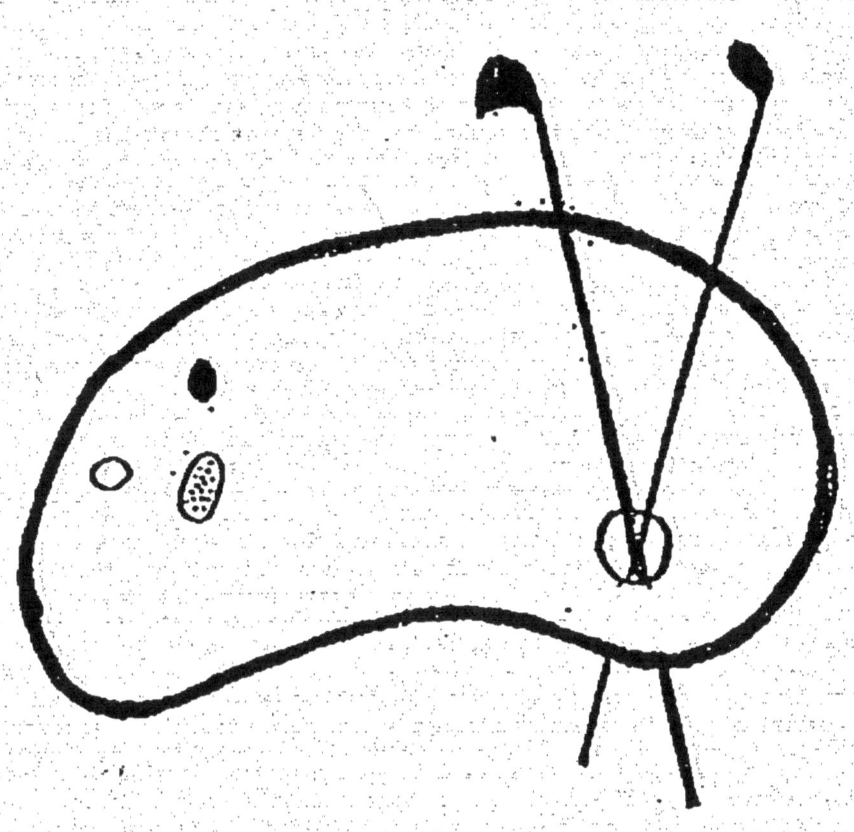

FIN D'UNE SERIE DE DOCUMENTS
EN COULEUR

INTÉRÊT COMMUN

ENTRE

PATRONS ET OUVRIERS

LA QUESTION SOCIALE

INTÉRÊT COMMUN

ENTRE

PATRONS ET OUVRIERS

PAR

DE LAFOLLYE

PARIS
LIBRAIRIE DE LA SOCIÉTÉ BIBLIOGRAPHIQUE
MAURICE TARDIEU, DIRECTEUR
35, rue de Grenelle, 35.

—

1881

LA QUESTION SOCIALE

INTÉRÊT COMMUN
ENTRE
PATRONS ET OUVRIERS

I

NÉCESSITÉ DE LA RÉFORME ÉCONOMIQUE DU TRAVAIL.

La loi qui régit la société humaine doit être franchement acceptée, sinon elle est fatalement subie. Ce qui aurait dû n'être qu'un lien d'amour devient une chaîne de douleur, sans cesser cependant d'être la loi.

C'est ce qui explique l'état d'angoisse dans lequel le monde du travail s'agite depuis un demi-siècle, en transgressant la loi divine.

A la vérité, un petit nombre d'hommes de bonne volonté cherchent les moyens de rétablir la paix ; mais, pénétrés de l'espérance de les trouver dans des combinaisons qui s'arrangent avec leurs intérêts et leurs habitudes, ils s'étonnent de ne pas avoir réussi après quelques tentatives. Les uns, découragés, abandonnent la tâche et essayent de se persuader qu'il n'y a rien à faire, puisqu'ils n'ont rien trouvé de mieux que ce qui se fait; d'autres, plus persévérants, fondent autour d'eux des institutions diverses en faveur de la classe ouvrière, les unes philanthropiques, les autres charitables, et demandent à l'avenir un résultat qui ne vient pas.

Pendant ce temps, l'antagonisme s'aggrave. La Révolution l'exploite en même temps que le désordre grandit, et les efforts qu'il aurait suffi de faire naguère pour rétablir la paix de l'atelier ne suffisent plus aujourd'hui et seront encore plus impuissants demain.

D'un autre côté la Révolution s'acharne à calomnier sans cesse les efforts des catholiques et à enflammer la colère de la classe ouvrière. On dirait que, par des mensonges et des violences, elle veut faire disparaître les inégalités sociales, et qu'elle ne se souvient plus de l'enseignement de ses maîtres. Certes, personne plus que Voltaire, n'a proclamé cyniquement la nécessité de l'inégalité. Pourquoi donc revenir à tout propos sur une question éternellement résolue par l'histoire de l'humanité, si ce n'est pour profiter du trouble qu'on excite, se poser en défenseur du peuple et se faire aux dépens des travailleurs une popularité lucrative qui conduit aux honneurs et au pouvoir ? Alors les honnêtes gens, intimidés, et cependant seuls capables de résoudre sainement les questions sociales, voient leurs tentatives dénaturées avec une mauvaise foi dont rien ne peut donner l'idée.

Récemment, un journal rendant sommairement compte des assemblées générales des cercles catholiques d'ouvriers, avançait avec un imperturbable aplomb autant de faussetés que de mots. Pour n'en donner qu'un exemple, il accusait les banques populaires d'exploiter les ouvriers et d'exiger d'eux un taux d'intérêt de leurs prêts plus élevé que celui de la Banque de France; mais il avait bien soin de ne pas dire que ni la Banque de France, ni aucun banquier ne prêterait un centime aux ouvriers que les banques populaires secourent. Et puis, ce journal ajoutait qu'après tout il était impossible de savoir au juste à quoi s'en tenir sur les mystères des opérations catholiques, quand il ne devrait pas ignorer que vingt recueils, revues et journaux, sans compter les livres et les brochures, rendent compte, par sous et deniers, de ces opérations, qui ne sont fructueuses que pour les ouvriers en vue desquels elles ont été organisées.

Cependant, il faut avouer que lorsque les catholiques ont exposé leurs doctrines et leurs actes, ils négligent de répondre aux diatribes de leurs adversaires. Plus soucieux du bien que du bruit, ils emploient leurs efforts à améliorer leurs œuvres plutôt qu'à les défendre. Est-ce suffisant ? Non, certainement, parce que chacune des pierres qu'ils élèvent pour construire leur édifice est aussitôt renversée par leurs ennemis. Ce qu'il leur faut faire, c'est non-seulement de se défendre contre eux, mais c'est surtout de les attaquer. Il n'est pas de place assiégée qui ne succombe, et c'est à tort que les catholiques se renferment dans la leur. Que d'assiégés ils deviennent assiégeants, et la victoire ne tardera pas à couronner leur drapeau. Que risquent-ils après tout ? La place économique anti-chrétienne est si mal ordonnée et si pauvrement défendue, que quelques coups de vérité suffiront pour la démanteler. Les points faibles sautent aux yeux. Il n'est pas besoin d'en faire mystère ni de masquer les batteries.

Il suffit, en effet, de jeter un coup d'œil sur les programmes des congrès ouvriers pour constater qu'au milieu d'insanités nombreuses, on rencontre de légitimes prétentions que les meneurs écartent tant qu'ils peuvent ou enfouissent sous des revendications compromettantes. Leur intention manifeste est de les étouffer au profit de leur égoïsme et de sauvegarder leurs intérêts.

Il appartient aux catholiques de prendre en main le rôle de justiciers et de ramener à leur place ces gens turbulents et avides, qui vivent aux dépens de l'âme et des sueurs de la classe ouvrière. Rien ne sera plus simple, et surtout rien ne sera plus juste ; mais, pour mener à bien cette campagne, il faut que les catholiques, en capitaines habiles, ne livrent rien au hasard et cheminent à l'abri des erreurs. Eclairés par la doctrine de l'Église, ils sont sûrs de ne pas s'égarer. Leur premier soin doit donc être de se bien pénétrer des vérités de l'économie chrétienne et d'en étudier l'application au régime industriel de notre temps. Ils ne doivent pas laisser supposer qu'ils veulent revenir au régime d'autrefois avec ses entraves, quand tous leurs efforts se dirigent vers la libre association des travailleurs hiérarchiquement organisée.

Il ne faut pas se dissimuler toutefois que, lorsqu'un catholique s'aventure sur le terrain économique, on ne manque pas de l'accuser de tomber dans le socialisme que par politesse on appelle le *socialisme chrétien.*

La première chose que les catholiques aient à faire est de s'affranchir de ce spectre et de ne pas redouter l'épithète de *socialisme*, qui ne veut dire, après tout, que *réforme sociale ;* mais comme il est facile de se tromper en pareille matière, il faut planter dès le début quelques jalons qui marquent la route à suivre.

II

QU'EST-CE QUE LE SOCIALISME CHRÉTIEN ?

Un ordre social bien organisé est celui dans lequel chaque citoyen peut librement se mouvoir pour suivre le chemin qui mène à Dieu.

Les institutions sont d'autant meilleures qu'elles satisfont mieux à ce programme ; ce qu'il est, il faut le reconnaître, souvent difficile de discerner. Des régimes économiques peuvent, en effet, mettre en œuvre les mêmes intérêts, employer les mêmes moyens, et avoir des conséquences très diverses, suivant la nature du but qu'elles poursuivent ou l'idée qui leur sert de base.

Mais que doit-on entendre par régime ou par institutions économiques dans le ressort desquelles rentre essentiellement la question qui nous occupe ? Il est nécessaire d'éclairer ce point pour écarter les malentendus. De ce qu'une caisse d'épargne, par exemple, est une institution économique, il ne faudrait pas conclure que le mot *économique* doive toujours avoir le sens d'épargne. Il faut ici prendre le mot *économique* avec son acception scientifique ; de sorte qu'on peut dire qu'une *institution économique* est celle qui règle les rapports actuels ou différés, d'intérêts certains.

Ainsi un économat domestique, une société coopérative, une banque populaire sont des institutions économiques. Une assurance sur la vie est dans le même cas : la cotisation que je paie équivaut à la somme qu'on devra certainement donner à mon héritier, d'après un calcul tenant compte de la mortalité du groupe auquel j'appartiens. Il n'en est pas de même d'une assurance contre les accidents ou d'une société de secours mutuels : je puis ne rien recevoir en échange de mes cotisations ; comme je puis être secouru sans avoir à peine payé. Ces institutions sont d'ordre charitable. Il en est de même d'une assurance *mutuelle* contre l'incendie ; tandis que celle-ci devient institution économique, si elle est à primes fixes.

Maintenant, à quoi peut-on reconnaître qu'une institution économique est meilleure qu'une autre ? Il y a là une question capitale, dont la solution forme le premier jalon de notre route. Malheureusement, les institutions économiques sont administrées par des hommes, et la difficulté de connaître la valeur des unes se complique de celle de déterminer le mérite des autres. L'incertitude est d'autant plus grande, que souvent des hommes fort honorables prêtent leur concours, de la meilleure foi du monde, à des institutions détestables. Aussi faut-il chercher la mesure de la valeur d'une institution en dehors des hommes qui la pratiquent et des organes qui la composent, et ne se préoccuper que du résultat moral qu'elle doit produire.

Or, la moralité d'un semblable résultat a précisément pour étalon la quantité de vertu que l'institution développe, et il faut entendre ici par vertu l'obéissance à la loi de Dieu. De là, trois groupes d'institutions économiques : celles qui répondent aux passions humaines, celles qui satisfont des intérêts, et enfin celles qui engendrent la vertu. On peut dès lors donner des noms à ces trois groupes, et dire que les institutions économiques sont *socialistes* dans le sens ordinaire du mot, quand elles provoquent des convoitises ; qu'elles sont *indifférentes* si elles ne répondent qu'à des intérêts ; qu'enfin les institutions économiques sont *chrétiennes* quand elles encouragent la vertu.

Disons donc que le socialisme chrétien est celui qui aspire à organiser les institutions humaines de manière que leur fonctionnement paisible et régulier facilite l'épanouissement de la vertu.

Voilà la définition générale qui se divise et se spécialise, en quelque sorte, suivant l'ordre et la nature de la vertu que chaque institution a pour mission d'encourager.

Ce serait, en effet, réduire contre toute raison le champ des institutions chrétiennes que de supposer qu'elles ne doivent exercer leur action que dans le domaine de l'âme : l'ordre religieux, l'ordre civil et l'ordre économique, qui sont les trois grandes divisions dans lesquelles se développe notre activité, comportent chacun des institutions qui leur sont propres et qui nous régissent, les unes et les autres, d'une manière aussi profonde qu'est intime l'union des éléments de notre être, notre âme, notre intelligence et notre corps. Et, ce qu'il y a de remarquable, c'est que les lois propres à chacun des trois ordres religieux, civil et économique, bien que distinctes et hiérarchiquement organisées dans le plan divin, n'intéressent pas moins, les unes et les autres, tous les éléments de notre être. Il ne faut donc pas dire que les institutions religieuses n'ont pour objet que l'éducation de notre âme, pas plus que celles de l'ordre civil ne concernent que le gouvernement politique, et les institutions économiques le soin de nos intérêts.

Ce qui est vrai, au contraire, c'est que la loi la plus infime de l'ordre économique, par exemple, a sur tout notre être, et par conséquent sur le corps social tout entier, un droit à l'obéissance aussi inéluctable que celle de l'ordre le plus élevé. De plus, les lois divines sont tellement harmoniques, que, si elles se limitent, jamais elles ne se détruisent. D'où il faut conclure que si le corps social souffre quelque part, c'est qu'il a méconnu quelque loi, qu'il subit néanmoins en souffrant. La question n'est donc pas de tourner la loi pour s'affranchir de la souffrance, mais au contraire de l'accepter et de l'accomplir avec obéissance. Tout le secret du bonheur est là.

III

FACTEURS DU TRAVAIL.

On trouve la preuve de ce que nous venons de dire dans l'antagonisme dont gémit le monde du travail. Cet état de trouble n'est un secret pour personne. Pendant que les chefs d'ateliers se plaignent de la concurrence effrénée qui les divise, les ouvriers réclament la reconstitution à leur profit, sous la forme de syndicats, des associations qui leur avaient autrefois procuré la paix. Abandonnés par leurs chefs devenus révolutionnaires avant eux, il a bien fallu que les ouvriers prissent leur parti de l'isolement dans lequel leurs protecteurs naturels les ont laissés. Est-il si étrange dès lors que, livrés à eux-mêmes, ils n'aient plus voulu demander à leurs patrons un appui que ces derniers leur avaient déjà refusé?

Mais ce n'est pas vainement que la désunion s'est introduite et développée dans le monde du travail. Elle a produit l'antagonisme et souvent la violence, châtiments légitimes de l'insoumission à la loi de Dieu. Il n'en pouvait pas être autrement. Comment admettre que la Providence, qui a prévu toutes choses, ait laissé au hasard du caprice des hommes la réglementation du travail, c'est-à-dire de l'acte le plus important et le plus général des individus et des sociétés ?

Il suffit, en effet, d'analyser le travail pour y reconnaître la présence de trois agents nécessaires indissolublement liés entre eux : l'intelligence, la force et la matière, qui, dans l'ordre des faits, se personnifient par le patron, l'ouvrier et le capitaliste.

On comprend que par le mot travail nous n'entendons pas une action mécanique que les mathématiciens désignent par un certain nombre de kilogramètres. Il s'agit ici du travail industriel, de celui qui produit des objets négociables et qu'il faut distinguer de la matière elle-même, constitutive de ces objets.

La matière est le point d'application du travail aussi bien que son instrument ; mais elle n'est pas le travail. Elle est nécessaire à son développement, mais elle ne le constitue pas. Elle ne fait qu'en recevoir l'empreinte.

Cette empreinte du travail sur la matière n'a pu de son côté se produire qu'au moyen d'une force. Or, si cette force agissait au hasard, elle pourrait désorganiser la matière, mais elle ne la façonnerait pas, elle ne l'approprierait pas à nos besoins, elle ne la rendrait pas négociable. La force est donc l'agent du travail ; mais, bien qu'elle soit indispensable pour sa constitution, pas plus que la matière, elle n'est à elle seule le travail.

Ainsi la force ne peut fonctionner utilement que si elle est conduite avec intelligence. C'est cette intelligence qui coordonne l'action de la force sur la matière. Elle détermine le travail, mais pas plus que la force et la matière elle ne constitue à elle seule le travail.

Voilà donc à l'œuvre les trois facteurs du travail ; aucun d'eux ne constitue le travail, et cependant chacun est nécessaire pour cette constitution, quelle que soit la proportion plus ou moins grande suivant laquelle il agit.

Quelquefois, l'un ou l'autre des facteurs semble disparaître ; mais si on examine avec soin, on le retrouve dissimulé derrière les autres. Prenons pour exemple l'avocat qui plaide une cause. Si l'on croyait qu'ici l'intelligence agit seule, on ferait une erreur. Remarquons d'abord que, pour être en état de plaider, l'avocat a dû emmagasiner en lui une notable quantité de travail. Ce travail préparatoire est-il seulement de nature intellectuelle ? Nullement, il a mis en œuvre les trois facteurs ordinaires : l'érudition des maîtres ; la vie, c'est-à-dire la force de l'élève, et la matière des études, ce qu'on appelle le matériel scolaire, et chacun de ces trois facteurs n'est lui-même que le résultat du fonctionnement de la même trilogie. Voilà pour l'outillage de l'avocat. Considérons maintenant son produit et la matière qu'il façonne. Omettons, si l'on veut, le dossier qu'il feuillète, les échos de la salle d'audience que fait vibrer sa parole et les résultats judiciaires qu'il obtient; ne considérons que les intérêts qu'il défend. Peut-on nier qu'il n'ait sur eux une influence considérable, souvent décisive, et puisque ces intérêts, même les moins matériels, mettent en jeu les trois facteurs du travail, on doit conclure que l'action de l'avocat les contient tous les trois.

Que serait un avocat muet, un littérateur sans son livre, un sculpteur sans sa statue, un peintre sans sa toile ?

Ce qui est vrai dans l'ordre de l'intelligence, l'est aussi pour l'action d'apparence exclusivement matérielle. Ce qui est vrai, pour l'avocat, le littérateur et l'artiste, l'est aussi pour le manœuvre.

Non-seulement tout acte humain met en œuvre l'intelligence, la force et la matière; non-seulement aucun des trois facteurs du travail ne peut s'échapper du faisceau qui les lie sous la loi de Dieu; mais encore ces trois facteurs procèdent dans un ordre nécessairement hiérarchique.

Il suffit, en effet, de nommer ces trois termes de la trilogie industrielle pour comprendre que l'intelligence ordonne, que la force exécute l'action et que la matière la subit.

Est-ce à dire qu'il soit pratiquement possible de toujours établir des rapports économiques entre les trois facteurs du travail, quand, comme dans le cas des arts libéraux par exemple, l'un ou l'autre de ces facteurs n'existe qu'à l'état rudimentaire ? C'est tout au moins douteux. Ce n'est pas d'ailleurs le cas spécial du travail industriel, dont la réforme économique nous occupe.

La même réflexion s'applique aux relations éphémères de consommateurs à producteurs, qui échappent aux règles des facteurs du travail dont l'association est indissoluble.

C'est un des caractères des lois de notre époque de ne s'occuper que des rapports des intérêts rivaux ; nos lois modernes sont essentiellement égalitaires et semblent méconnaître les règles de la hiérachie. Aussi, au lieu de maintenir l'harmonie qui régnait dans le monde du travail, n'ont-elles produit que la division et l'antagonisme. Quelques vestiges de bonne entente, dont les conseils de prudhommes sont les représentants témoignent pourtant du résultat pacifique qu'on pourrait obtenir par la conciliation, sans nuire à la hiérarchie de l'atelier; tandis que l'abus des lois égalitaires et la perspective des syndicats ouvriers ne font qu'affermir davantage l'esprit d'antagonisme. Ce n'est certainement pas que la classe ouvrière paisible et travailleuse réclame la dissociation qu'on veut établir à jamais ; tout au contraire, quand sa voix peut se faire entendre, c'est la corporation qu'elle demande. On dégage facilement ce désidératum du programme des congrès ouvriers.

IV

DU SALARIAT

L'école économique libérale, en préconisant le principe du salariat tel qu'il est pratiqué, a proclamé du même coup l'indépendance mutuelle des trois facteurs du travail, sans se douter que sa théorie était contraire à la loi divine et devait engendrer l'antagonisme.

Pour nous rendre compte du désordre produit par l'économie libérale, analysons ce que devrait être le salaire et ce qu'il est réellement. Quel que soit le facteur du travail dont il s'agisse, la rémunération qu'il recueille doit répondre à ses besoins légitimes. Dieu n'a pas jeté l'homme sur la terre pour l'y laisser mourir de faim. Or, les besoins de l'homme se partagent en deux parties : l'une qui se rapporte au présent, l'autre à l'avenir.

La première est déterminée et urgente ; la seconde, quoique certaine, est indéterminée et lointaine. Le salaire, pour être complet, doit donc se composer aussi de deux parties : l'une destinée à satisfaire aux besoins du moment, l'autre à ceux de l'avenir, et elles doivent participer de la nature des besoins eux-mêmes, c'est-à-dire que la partie d'aujourd'hui doit être déterminée, tandis que l'autre part doit être éventuelle et variable comme l'avenir lui-même.

Le salaire ouvrier, au contraire, à l'encontre de celui des autres facteurs, ne contient que la partie actuelle de la rémunération et néglige celle de l'avenir. On a prétendu, il est vrai, que le salaire comprenait aussi la réserve de l'avenir et de ses éventualités, sous la forme d'une espèce d'abonnement fixe qui se substitue à l'*alea* des choses humaines. Pour qu'il en fût ainsi, il faudrait que le salaire composé de deux parties fixes fût fixe lui-même. Or, c'est le contraire qui a lieu. Les variations du salaire démontrent donc que sa prétention de faire face à l'avenir est mal fondée. Peut-être dira-t-on que c'est la partie actuelle du salaire qui varie, et non celle de l'avenir. Cette hypothèse supporte encore moins l'examen : si la partie actuelle du salaire correspond au minimum des besoins de chaque jour qui reste fixe, elle ne saurait varier, et dès lors cette seconde prétention est aussi fragile que la première.

Ce qui est vrai, c'est que le salaire varie pour des causes que nous indiquerons plus loin à l'occasion de l'*aléa* industriel, et que la partie correspondant à l'avenir doit supporter aussi des éventualités plus grandes encore.

La prétention qu'a le salariat de répondre aux nécessités actuelles et lointaines du travailleur, suivant leur mesure, est donc inacceptable.

Encore n'a-t-on pas fait entrer ici en ligne de compte, au point de vue de la classe ouvrière, la facilité qui l'entraîne à ne pas réserver, sur un salaire déjà restreint, l'épargne pour l'avenir. Ne lui en gardons pas trop rancune, car le salaire des ouvriers, tel que le calculent la plupart des patrons, n'est évalué que de manière à satisfaire aux besoins du moment. J'ai même entendu un maître protester contre l'encouragement à l'épargne donné aux ouvriers, qui seraient moins travailleurs, disait-il, s'ils se sentaient une réserve.

Un grand nombre de chefs d'industrie ont si bien compris que le salaire ordinaire ne répond pas à l'avenir de l'ouvrier, qu'ils ont cherché à assurer cet avenir au moyen d'institutions philanthropiques, qu'ils ont souvent très largement dotées. Les caisses de retraites, les pensions viagères, l'achat de maisons ouvrières témoignent de ces bonnes intentions, et cependant elles n'ont pas rétabli la paix.

Il était bien difficile qu'il en fût autrement. Les ouvriers ne s'y sont pas trompés ; ils ont parfaitement compris que ce qu'on leur accordait à titre gracieux n'était pas autre chose que la partie de leur salaire destinée à sauvegarder l'avenir, et ils ont éprouvé une excusable répugnance à recevoir comme un bienfait ce qu'ils croyaient devoir leur revenir comme une chose dûe. Sans doute, ils n'ont pas légalement à se plaindre. Aux termes des conventions arrêtées, ils ont reçu le salaire qu'on leur avait promis; mais ils n'ont pas pu s'empêcher de considérer que, pendant que la part réservée aux deux autres facteurs du travail comprenait, indépendamment de la rémunération actuelle, celle de l'avenir, la part qui leur était dévolue ne la comprenait que sous une forme qui méconnaissait leur dignité. Pour qu'un semblable bienfait fût accueilli avec reconnaissance, il aurait fallu qu'un esprit plus chrétien animât les âmes de ces hommes et qu'ils admissent avec humilité, qu'incapables d'assurer eux-mêmes leur avenir, ils devaient se trouver heureux que leurs chefs le fissent pour eux. La chose peut être vraie; mais il ne suffit pas qu'elle soit vraie, il faut encore qu'elle soit crue et acceptée, ce qui n'est pas. Peut-être aurait-on pu dire aux ouvriers : « L'expérience prouve que » vous ne savez pas faire d'économie et que, » quand vous en faites, vous les administrez si » mal qu'elles s'engouffrent dans des entreprises » hasardées. Nous vous offrons de les faire et » de les administrer pour vous, et nous vous en » tiendrons compte en temps utile ». Alors la situation eût été nette, et cette sincérité aurait probablement eu plus de succès que le procédé qu'on a suivi. Cette méthode aurait eu, en outre, l'avantage d'établir un lien d'intérêt commun entre les patrons et les ouvriers. Nous reviendrons plus tard sur ce point important. Disons seulement, en terminant ce sujet, que le salaire et les institutions élevées pour le compléter n'ont pas engendré la paix, parce qu'ils ne satisfont pas à la loi divine, et qu'ils se sont bornés à répondre à des intérêts sans se préoccuper d'exciter à la vertu.

V

DE LA PARTICIPATION DES OUVRIERS AUX BÉNÉFICES AU POINT DE VUE DE LA JUSTICE.

L'insuccès des institutions philanthropiques étant démontré par les faits, on a cherché à intéresser les ouvriers aux entreprises de leurs patrons, en leur allouant une certaine partie des bénéfices, réglée à courte échéance, et ordinairement, chaque année. Quelque critiquable que soit ce procédé, il faut cependant reconnaître qu'il adoucit un peu l'état d'antagonisme qu'il a la prétention de faire disparaître ; mais il ne produit ce meilleur résultat que pour de courtes périodes de temps, au bout desquelles le bien obtenu est remis en question.

Le principe de la participation aux bénéfices

telle qu'on l'entend d'ordinaire, a néanmoins soulevé beaucoup d'objections et ne rencontre pas autant de défenseurs. Sans vouloir augmenter le nombre de ces derniers, il nous semble équitable de ne pas laisser la participation sous le coup de reproches qu'elle ne paraît pas mériter.

Considérée au seul point de vue économique de la répartition des fruits du travail, la participation est un mode tout aussi équitable qu'un autre, s'il a été librement accepté par les contractants, et la justice pas plus que la charité n'est en rien blessée par son application aux rapports des patrons avec leurs ouvriers.

On a dit que la participation portait atteinte au droit de propriété, parce que la marchandise que l'ouvrier façonne ne lui appartient pas, et qu'en demandant autre chose que le salaire convenu, l'ouvrier élève une prétention sur le bien d'autrui.

Avant de se demander à qui appartient la marchandise fabriquée dans l'atelier, il est bon de chercher ce qu'est cette marchandise, ou plutôt comment s'en forme le prix, objet du litige. On donne ordinairement le nom de *marchandise* à une *matière* ayant reçu l'empreinte de *l'activité humaine*. Or, le prix de cette marchandise est-il celui de la matière ? Évidemment non. La matière n'est que l'objet offert gratuitement par la Providence à notre activité pour que nous la façonnions suivant nos besoins. C'est aussi l'occasion semée par Dieu sur notre chemin pour que, dans notre liberté, nous exercions notre obéissance à ses lois et que nous travaillions à sa gloire. C'est le trait d'union obligé et, pour ainsi dire, économique entre l'activité incessante de Dieu et celle de l'homme. A ces divers titres, la matière est assez noble pour n'avoir pas besoin de recevoir de nous une valeur humaine.

Et de fait, la matière n'a pas de valeur. Le mot de *matière première* n'est qu'une expression relative. Le coton cardé est matière première pour le fileur, le coton filé est matière première pour le tisseur, et ainsi de suite ; mais la véritable matière première est celle que n'a pas encore touchée la main de l'homme, et qui appartient à tous ; d'où il faut conclure que la marchandise négociable reçoit sa principale valeur du travail qui l'a façonnée. Cette valeur s'augmente au fur et à mesure que le travail avance, et, pour en apprécier la nature, il suffit d'examiner l'évolution du travail entre deux de ses étapes. Or, cette évolution, qui constitue l'usine, comporte toujours l'action commune et hiérarchique des trois facteurs du travail.

Au moment où l'évolution commence, le capital se présente sous la forme de matière dite première avec sa valeur acquise ; puis l'ouvrier intervient sous la direction du maître pour lui donner une valeur plus grande. Est-il question dans la participation de mettre en partage la valeur de la matière première ? Manifestement non.

Il ne s'agit que de la valeur ajoutée par le travail commun et qui seule est l'objet du débat.

Que le patron soit ou non possesseur de la matière première, peu importe. La participation ne lui demande rien de ce chef. Elle ne réclame une part que sur l'augmentation de valeur que la matière première acquiert par l'effort commun des trois facteurs du travail. Au seul point de vue économique, cette demande n'est donc en aucune façon contraire au droit de propriété. Elle ne met en question que le mode de répartition d'une valeur commune et met fin à l'indivision. Elle peut dès lors être légitime. C'est seulement au point de vue social qu'elle ne l'est pas.

L'ordre social n'est bien organisé, avons-nous dit, que s'il concourt à conduire chaque citoyen vers sa fin divine, et comme chacun de nous fait partie de cet ordre social, aucun de nous ne peut se soustraire à l'obligation de travailler au salut de ses frères. L'action économique étant, à cause de son universalité, celle qui a le plus d'influence sur tous, il est de notre devoir, plus encore au point de vue économique qu'à tout autre, d'agir de manière à encourager la vertu.

La participation ordinaire aux bénéfices ne répond manifestement pas à ce but. Elle ne satisfait que des intérêts passagers, et n'obéit pas à la loi divine qui réunit dans une association hiérarchique et indissoluble les trois facteurs du travail.

Si nous abordons maintenant la question de l'aléa, que soulève toujours celle de la participation, nous rencontrons cette objection, que la main-d'œuvre, recevant un salaire fixe convenu d'avance, n'a pas droit aux avantages du gain, parce qu'elle ne supporte pas les chances de pertes.

Il est facile de se rendre compte de l'inexactitude de cette proposition. L'*aléa* se partage en deux parties distinctes : l'*aléa personnel*, qui résulte de plus ou moins d'habileté ou de prudence du patron, et l'*aléa impersonnel*, résultant de faits extérieurs indépendants des soins du maître, et qui atteignent une industrie entière, comme la découverte de procédés de production qui déplacent l'industrie, l'abaissement exagéré des tarifs douaniers qui la livre à la concurrence étrangère, etc. Or, dans ces divers cas, particulièrement dans celui de l'aléa impersonnel, les entrepreneurs sont naturellement contraints de réduire la durée du travail ou le chiffre des salaires. Cette réduction de prix et ce chômage ne sont-ils pas une conséquence de l'aléa, qui vient ainsi frapper l'ouvrier jusque dans son existence ?

On dira peut-être qu'à son tour l'ouvrier exige une augmentation de salaire quand le travail abonde, dût-il l'obtenir au moyen d'une grève. Qui ne sait combien peu lui profitent ces augmentations de salaire, et que le plus souvent elles sont achetées par un chômage et des désordres dont l'ouvrier est la première victime ?

Il faut donc reconnaître que, sous le régime de la liberté du travail, ces fluctuations sont inévitables et que par conséquent, l'*aléa* l'est aussi et atteint l'ouvrier au moins autant que le patron.

VI

DE LA PARTICIPATION AU POINT DE VUE DE LA CHARITÉ.

Il est vrai qu'on a émis cette pensée, que les patrons avaient charge d'existence à l'égard de leurs ouvriers ; mais on a dû ajouter que cette obligation ne pouvait s'imposer que dans la limite du possible. C'était réduire à néant par une légitime restriction ce que la promesse avait d'exagéré. On ne saurait trop louer les partisans de la paternité patronale de cette prudente précaution.

La paternité patronale ne peut être en effet que fort restreinte dans l'industrie. Elle ne doit s'exercer que par exception et sous la forme de la charité. Non-seulement les patrons ne sont pas tenus d'embrasser dans leur sollicitude tous les besoins de leurs ouvriers, mais de plus les ouvriers ne peuvent accepter que des secours individuels. Quand les soulagements se répandent sur tous, ils prennent immédiatement le caractère d'un acte de réparation qui se cache sous la prétention de demeurer bénévole et, comme on l'a dit plus haut, ils excitent chez l'ouvrier l'excusable répugnance d'être obligé de recevoir comme un bienfait ce qui lui semble n'être qu'une légitime rémunération de son travail.

Ce qu'il faut, comme on l'a très bien démontré (1), c'est que l'affection du patron se manifeste par son influence moralisatrice plutôt qu'autrement, et qu'elle laisse à l'ouvrier la plus grande liberté possible pour l'administration de ses intérêts ; ce qui n'est en rien contraire à la constitution d'un intérêt commun, qui est spécialement d'ordre économique, et non d'ordre charitable.

---

(1) Voir le *Manuel de l'Usine chrétienne*, de M. Harmel.

VII

DE LA PARTICIPATION AU POINT DE VUE DE LA DISCIPLINE.

La possibilité de l'intervention des ouvriers dans la direction de l'usine est un spectre qu'agitent volontiers les adversaires de la participation, mais que les faits déjà nombreux n'ont pas encore mis au jour. il y a pour cela une raison bien simple ; c'est que les résultats de la participation se liquident à courte échéance, et que cette liquidation rend à chacun sa liberté.

En ce qui concerne une certaine intervention spéciale et professionnelle des meilleurs ouvriers de l'usine dans son exploitation, il y a tout lieu de croire qu'elle ne serait pas si désastreuse qu'on le suppose ; car partout où, par une organisation ordonnée des ouvriers, elle se manifeste ouvertement, elle produit les meilleurs résultats. Seulement, il y manque une sanction, parce qu'aucun intérêt commun ne réunit l'ouvrier habile à son patron, ce qu'on obtiendrait facilement, comme on le verra plus loin, si la rémunération éventuelle accordée au bon ouvrier se capitalisait dans l'usine.

La participation n'est donc en rien contraire à la propriété, ni à la justice, ni à la charité. La seule chose qu'on en puisse dire, c'est qu'elle a une prétention d'harmonie sociale que son principe ne satisfait pas complètement, parce qu'elle ne diffère pas notablement du salaire, qui n'est pas lui-même conforme aux lois divines du travail.

VIII

DE L'INTÉRÊT COMMUN ENTRE PATRONS ET OUVRIERS.

Le salariat de l'époque des corporations avait cela de particulier qu'il était complété par la vie corporative et la communauté du foyer industriel. L'atelier était un centre autour duquel se groupait toute une famille ouvrière, dont le patron était le chef. La coutume en avait fait un lieu d'existence commune. L'usage avait établi la permanence des rapports, rendus faciles par une bienveillance réciproque que cimentait l'unité des intérêts.

Ce faisceau de bonne harmonie, que resserraient les règlements méticuleux des corporations et les sentiments profondément religieux du temps, porta ombrage à la Révolution triomphante, qui voulut y trouver des obstacles aux libertés publiques. La Révolution brisa ces liens, au lieu de réformer les abus que le temps avait introduits.

L'école libérale vint ensuite apporter sa doctrine d'indépendance des trois facteurs du travail qui sema la désunion au lieu d'enfanter la liberté.

Nous venons de voir que le salariat moderne n'a produit que l'antagonisme. Les institutions philanthropiques ne sont venues ensuite, sous la forme d'un bienfait, que comme des augmentations de salaire déguisées, destinées à obtenir la paix de l'atelier, et n'ont malheureusement rien changé à la situation. Au contraire, la participation aux bénéfices, quand elle a été applicable, a déterminé une certaine amélioration des relations du personnel du travail, sans produire encore un résultat définitif. Propre à une catégorie spéciale d'industries, dans lesquelles les bénéfices sont à peu près réguliers, elle paraît au contraire incompatible avec celles dont les résultats sont plus variables, mais elle montre une voie qu'il est intéressant d'explorer de préférence.

Il est bien clair, d'abord, qu'il est impossible de trouver dans le passé des coutumes toutes prêtes, applicables à notre époque, et que ce ne sera que par analogie qu'on en tirera, non des exemples, mais des conseils. D'autre part, les transformations subies par l'industrie nécessitent si nettement une amélioration de l'état actuel des choses, qu'elle est le sujet des préoccupations générales. Or, la question se réduit toujours à mettre d'accord le patron, l'ouvrier et le capitaliste; c'est-à-dire des hommes divisés sur le mode économique de répartition des produits de leurs efforts communs. Que ces hommes veuillent bien considérer que leur fin ne consiste pas à s'emparer de la plus grosse part; mais seulement à se contenter de celle qui doit leur revenir; ce qui consiste à pratiquer la justice, dussent-ils en faire les frais, et par conséquent à faire un acte de vertueuse obéissance à la loi de Dieu.

Or, indépendamment de la promesse évangélique, l'expérience prouve que, lorsque la vertu pénètre dans l'atelier, elle en augmente la production. De sorte que, lorsqu'on avance que l'obéissance à la loi divine est un des termes du partage de ces produits, ce n'est pas qu'on réclame pour elle une faveur, comme un tribut du respect qu'elle inspire; c'est qu'au contraire on espère obtenir cette conséquence légitime de son influence productive, et c'est à ce point de vue qu'elle doit entrer dans toute formule économique. Le jour où les ouvriers comprendront bien la puissance économique de la vertu, ils obtiendront par la force des choses les avantages qu'ils poursuivent.

Mais les hommes ont à remplir, en raison de leur position sociale, des devoirs réciproques d'autant plus impérieux qu'ils occupent un échelon plus élevé au-dessus de leurs concitoyens, et le principal de ces devoirs est de provoquer le développement de la vertu chrétienne dans les cœurs et surtout dans les actions de tous les jours.

Les patrons comme les capitalistes sont assujettis à cette règle plus encore que les ouvriers. Ceux qui se retranchent derrière les exigences de leur autorité pour la négliger, oublient manifestement le devoir social, dont une part leur incombe pendant que les ouvriers ont la leur.

Les trois agents du travail sont si indissolublement liés ensemble qu'aucun d'eux ne peut se passer du concours des autres. Les industriels qui n'utilisent que leurs propres ressources sont en même temps patrons et capitalistes.

Quels sont donc les rapports économiques qui doivent exister entre ces trois agents ? Il faut d'abord qu'ils aient les mêmes intérêts, et pour cela il est indispensable que la responsabilité de chacun soit engagée dans la mesure de son aptitude ; il faut que son influence, et par conséquent les avantages qui en découlent, soient proportionnés à sa responsabilité.

Partout où ces conditions sont plus ou moins remplies, la stabilité, la permanence des engagements existent et fécondent l'association tacite qui se forme naturellement par la force de l'habitude. Quand cela a lieu, on n'entend plus les ouvriers médire de leur usine. Quelque modeste qu'elle soit, ils l'adoptent, et, lorsqu'ils en parlent, ils disent : *chez nous*. C'est là un indice caractéristique.

Ces conditions, à la vérité, ne suffisent pas pour établir l'harmonie; il faut encore que les rapports économiques, qui ont toujours un peu de la rudesse du travail dont ils dérivent, soient adoucis par la charité. C'est alors que s'épanouissent dans l'usine ces institutions qu'on dit économiques, bien qu'elles soient plus particulièrement charitables, et ces conféries qui détendent les esprits et réchauffent les cœurs. Mais ces institutions ne sont viables que lorsqu'elles se greffent sur un ordre économique stable.

Que dans des conditions particulières d'isolement de l'usine et par une influence personnelle des chefs, ces institutions aient suffi pour assurer seules la paix de l'atelier et le progrès de la vertu, c'est possible; mais que ces circonstances spéciales viennent à disparaître; avec elles s'évanouira cette harmonie, fruit de tant de labeur.

Pour revenir aux rapports économiques des agents du travail, remarquons que, pendant que le capitaliste et le patron sont intéressés au succès de l'entreprise, l'ouvrier y est indifférent. En vérité, il n'est pas juste de lui reprocher son indifférence, quand on n'est pas disposé à le récompenser de l'intérêt qu'on voudrait qu'il portât à son travail. Dès qu'il n'a pas de responsabilité et n'en tire pas profit, il ne doit que sa main-d'œuvre.

Ce serait de la part des ouvriers, faire acte de vertu économique que de manifester matériellement l'intérêt dont je parle; le patron y gagnerait autant que la morale; mais ici se place une question. Est-ce aux ouvriers de mériter d'abord une récompense, ou est-ce aux patrons de la leur offrir, et de quelle nature cette récompense doit-elle être ?

Je n'hésite pas à répondre que c'est aux patrons de commencer, d'abord parce que la supériorité de leur position leur crée l'obligation de provoquer la vertu, et qu'ensuite il n'y a d'émulation possible que si elle est excitée par une espérance. C'est par l'acquêt de ces récompenses mesurées sur les services rendus, que se ferait dans l'atelier l'*avancement*, qui doit combler peu à peu le vide trop considérable qui sépare la main-d'œuvre du patronat. C'est en effet le plus souvent une ironie que de répondre aux plaintes des ouvriers qu'ils n'ont qu'à devenir patrons. La plupart ne le peuvent pas, non-seulement par défaut de ressource, mais aussi par manque d'aptitude. Toutefois, parce qu'ils ne peuvent pas s'élever au premier rang, faut-il que tous restent au dernier ?

Quand les bons ouvriers seront sûrs que des services intelligents et dévoués leur permettront de s'élever à une position meilleure, non pas seulement comme salaire, mais aussi comme situation hiérarchique dans l'atelier, ou même dans le corps d'état auquel ils appartiennent, ils sentiront qu'il sont moralement responsables.

Toutefois, ce n'est pas d'une responsabilité morale qu'il peut s'agir en matière économique; c'est d'une responsabilité réelle, à laquelle doit correspondre une part d'influence dans la direction du travail ; et qu'on veuille bien remarquer qu'en fait cette influence existe. A chaque instant, un bon ouvrier donne un avis utile pour la meilleure exécution de son œuvre. Ce qu'il faut, c'est qu'il soit responsable de cet avis et que la récompense ne consiste pas seulement en une élévation de salaire.

C'est donc dans la condition que l'ouvrier sera responsable dans la mesure de son aptitude et recueillera une récompense proportionnée, que nous trouverons le lien qui le réunira aux deux autres agents du travail pour rétablir l'harmonie et compléter le faisceau industriel.

Quand on examine comment se fondent la plupart des ateliers, on voit presque toujours que des ouvriers d'une habileté ordinaire et souvent aussi peu lettrés que leurs camarades, mais plus audacieux, émergent d'au milieu d'eux et ouvrent des établissements sans être le moins du monde assurés de leur succès.

Beaucoup succombent, qu'on ne manque pas d'accuser d'incapacité; quelques-uns réussissent, qui ne semblent pas différer notablement des moins heureux. Cependant, ces nouveaux patrons, oublieux de leur origine, ne tardent pas, avec un peu de savoir-faire, à arrondir leur fortune, pendant que leurs anciens compagnons, découragés, végètent toute leur vie sans autre espoir que la misère pour leurs vieux jours. N'est-il pas certainement impossible d'admettre que la petite supériorité qui au début différencie ce patron de son ouvrier suffise pour expliquer deux résultats si opposés ?

Dans la grande industrie, que le patron soit en même temps capitaliste ou qu'il emprunte à autrui les ressources nécessaires, ou bien que le capitaliste s'adresse à l'homme spécial pour fonder une usine, l'oubli des droits du travail manuel est encore plus manifeste. Si d'un côté cet oubli est ici pardonnable en raison de ce que ni le directeur d'une usine, ni le capitaliste qui la soutient ne sont de la même classe que leurs ouvriers ; d'un autre côté, il l'est moins à cause du degré d'éducation et des sentiments plus élevés qu'on doit rencontrer dans des hommes d'une meilleure origine. Comment se fait-il donc que l'indifférence que je signale soit si profondément entrée dans les habitudes industrielles ? C'est qu'on ne se rappelle pas assez que le travail manuel, c'est-à-dire la vie de l'ouvrier, n'est pas une simple marchandise, mais au contraire, un des trois collaborateurs nécessaires de toute opération humaine.

Cet oubli a engendré l'antagonisme, et sous le régime de l'influence du nombre, les ouvriers devaient logiquement revendiquer les profits du travail dont ils s'imaginent être les seuls facteurs nécessaires. C'est en effet une faiblesse de notre nature que d'accorder à notre œuvre la suprématie sur toute autre. Que les ouvriers, élevés à l'école de l'indifférence religieuse, n'aient pas la modestie de reconnaître que le travail manuel n'est pas tout; cela peut s'expliquer par l'aveuglement dans lequel la Révolution les a plongés; mais que des hommes instruits, qui voient les faits de haut et qui savent en découvrir les causes et les conséquences, croient que le travail manuel n'a pas économiquement les mêmes droits que le patronat et le capital, c'est ce qu'on ne comprend que lorsqu'on sait combien est puissante la routine intéressée.

Toute la question se réduit donc à associer dans la mesure du possible les intérêts des ouvriers à ceux du patron dans un ordre hiérarchique nécessaire pour ne laisser à chacun, sur la direction du travail et la gestion immobilière, que l'influence qui lui revient, et l'empêcher de sortir de sa compétence. C'est ainsi qu'on évitera l'ingérence exagérée de l'ouvrier dans la direction de l'usine, tout en stimulant son intérêt pour les améliorations de détail auxquelles il est plus apte que tout autre.

L'expérience a prouvé en effet que, quand les ouvriers sont intéressés au succès de leurs patrons, ils savent trouver dans leur ingéniosité une foule de moyens de production, et que, si c'est dans le laboratoire du savant que sont nées les grandes découvertes industrielles, c'est dans l'atelier et par les soins des ouvriers qu'elles ont reçu leur utile application.

Sans doute, tous les ouvriers ne sont pas aptes à profiter de l'association dont je parle, et on conçoit qu'elle doive se faire attendre pour d'autres. Il est même nécessaire qu'il en soit ainsi, afin de donner de l'*avancement* aux ouvriers méritants, d'exciter l'ardeur des autres et de créer une hiérarchie basée sur le mérite.

Ainsi, en résumé, le capital reçoit son salaire sous forme d'intérêts, le patron prélève le sien et paye celui de ses ouvriers; puis le surplus se partage entre les capitalistes, le patron et les ouvriers admis à l'association, en proportion de leurs rémunérations fixes et suivant une loi qui peut être ascendante; mais ce surplus, rapportant intérêt, reste dans l'usine, au moins en grande partie, pour former d'abord un fonds de réserve, développer ensuite l'industrie et rembourser peu à peu le capital superflu, de telle sorte que l'instrument de travail finisse par appartenir aux travailleurs, en tête desquels le patron tient naturellement la première place.

Puis, à mesure que des collaborateurs disparaissent, leur épargne est remplacée par celle des nouveaux venus, et l'émulation sans cesse renaissante entretient la vie et la fécondité dans l'atelier. De sorte que les trois facteurs du travail se trouvent classés hiérarchiquement dans leurs fonctions : le patron fait le partage de l'intérêt commun suivant une règle qu'il a tracée lui-même ; les ouvriers voient s'accroître leur part en proportion de leur valeur professionnelle et morale, et le capital, qui a reçu son salaire en échange de sa mission, disparaît après l'avoir remplie.

Je ne m'arrêterai pas à la forme que doivent avoir les statuts d'une semblable association. Il en existe déjà quelques exemples plus ou moins complets. Elle peut varier à l'infini. La plus simple me paraît la meilleure. Il ne me semble pas surtout nécessaire de demander à l'État une intervention spéciale. La liberté chrétienne doit suffire.

J'ajoute toutefois qu'une pareille organisation, en satisfaisant le problème économique, n'aura cependant résolu qu'à moitié le problème social. De même que les œuvres charitables, tout en calmant les cœurs, ne cicatrisent pas les blessures ; la meilleure combinaison économique, en guérissant les blessures, ne calmerait pas les cœurs. Mais leur union sera souveraine pour produire à la foi le bien-être et la paix, parce que l'organisation économique et l'institution charitable, en formant entre les trois facteurs du travail un lien chrétien d'intérêt commun, les auront conduits tous les trois à faire un acte de vertu et à pratiquer en même temps la justice et la charité.

IX

OBJECTIONS D'ORDRE MORAL.

L'organisation que nous venons de décrire a été appliquée en France sous des inspirations très différentes, et bien qu'au début elle n'ait pas été ordinairement entourée d'autant de charité chrétienne qu'il aurait été nécessaire, elle a produit cependant tout d'abord la stabilité et une notable émulation du personnel, ainsi qu'une amélioration de la production telle qu'elle compense les sacrifices faits par les patrons. En Autriche, où cette organisation paraît avoir son berceau, elle a donné des résultats analogues. Ce rapprochement n'indique-t-il pas que le lien d'intérêt commun entre patrons et ouvriers, que nous appellerons le *Péculat*, est une efflorescence aussi catholique que le sont les pays où il a pris naissance.

Mais, malgré le bien que le principe du *Péculat* a déjà produit, il soulève des objections auxquelles on devait s'attendre et qu'il est important d'examiner. Les unes sont d'ordre moral, d'autres concernent l'application.

Les tenants de la paternité patronale s'inquiètent de voir poser en principe, que le patron est obligé en conscience de faciliter l'association hiérarchique des meilleurs de ses ouvriers à sa propre entreprise. Ils craignent qu'en établissant des échelons trop rapprochés entre les classes sociales, on ne travaille à leur confusion. Ils préfèrent que le patron complète, suivant les inspirations de son cœur et par simple charité, ce que le salaire pourrait avoir d'insuffisant, en maintenant la séparation des classes. Si tel est bien leur sentiment, on peut leur opposer comme exemple l'horreur du vide que la nature éprouve dans son incessante activité et sa magnifique organisation. Tout en conservant la diversité caractéristique des êtres, elle peuple les intervalles de familles si près de se ressembler, que la limite des genres auxquelles elles appartiennent est presque insaisissable. Dans l'industrie, entre le manœuvre et l'artiste, les échelons sont tellement pressés qu'ils offrent toujours des degrés à la hauteur de toutes les intelligences. Enfin, dans l'administration publique, on s'efforce de plus en plus de multiplier les grades et les classes, afin de faciliter l'avancement et de maintenir l'émulation sans troubler la hiérarchie. Pourquoi dans l'usine, dans l'atelier où les aptitudes s'exercent, comme dans l'administration, sur le même objet, ne tiendrait-on pas compte du plus ou moins de perfection avec lequel elles fonctionnent? N'est-il pas vrai que fort souvent les contre-maîtres ne diffèrent du patron que par une autorité moindre, et que des établissements prospères ne sont dirigés que par des sous-chefs qui s'en tirent à merveille? N'est-il pas vrai que les mêmes réflexions s'appliquent aux grades moindres et mêmes aux agents d'une même catégorie? Pourquoi donc refuser à ceux qui se distinguent par leur mérite, l'avantage auquel ce mérite leur permet d'aspirer? Et, par le mot mérite, il ne faut pas seulement entendre la valeur professionnelle, mais aussi la valeur morale, qui joue un si grand rôle dans la production.

Sans doute, les salaires du contre-maître et du manœuvre sont différents. Tous les manœuvres ne touchent pas la même paie; mais la plupart de ces salaires ne contiennent pas la partie de l'avenir et ne peuvent pas la contenir, quelque augmentation qu'on accorde, parce que le propre de cette partie du salaire est de ne pas se confondre avec la paie quotidienne et de conserver le caractère d'éventualité que lui imprime l'avenir. Les administrations publiques, en organisant les retraites, ont manifestement obéi en cette circonstance, à la loi du travail, et, bien qu'elles ne fassent pas seules les frais des retraites, et que les agents y contribuent, cette organisation a été accueillie avec la plus vive reconnaissance par le personnel qui en profite.

Mais ce n'est pas tout. En matière de travail, la rémunération n'est point un don gracieux, et la partie du salaire qui concerne l'avenir, pour être moins déterminée, n'échappe pas à cette règle. Le patron qui serait disposé, par charité, à en prendre la charge et le souci, ne pourrait pas le faire sans blesser la justice. Il ne lui appartient pas de fixer, même généreusement, la part qu'il se propose d'accorder à son ouvrier. Il est nécessaire et équitable que ce dernier soit aussi l'artisan de cette part, comme il l'est du salaire actuel ; ou tout au moins qu'il y concoure dans une large mesure. C'est pour ce motif que le *pécule*, résultant de l'intérêt commun, doit se proportionner au mérite de l'ouvrier pour le *quantum*, et à son salaire pour l'importance, de même qu'au titre d'intérêt commun il participe aux heurs et malheurs de l'usine. Dans ces conditions, le péculat d'intérêt commun revêt tous les caractères de l'association sans nuire à la hiérarchie.

Lors de la reconstitution d'une usine importante, des patrons ont accordé à plusieurs de leurs ouvriers des titres d'actionnaires et leur en ont avancé le prix en tout ou en partie. Ils auront sans doute jugé utile de s'attacher par des liens durables des collaborateurs plus précieux que d'autres, et, au seul point de vue de leur intérêt, ils auront pu faire une bonne affaire en même temps qu'une bonne action ; mais par sa générosité, cet exemple, considéré au point de vue ordinaire, a manifestement dépassé le but. Il ne constitue pas un procédé économique dans le sens scientifique du mot, parce qu'il trouble la hiérarchie. Il n'en aurait pas été de même, si les ouvriers actionnaires avaient pu fournir leurs apports, puisqu'ils se seraient trouvés dans le droit commun.

Ceci m'amène à examiner une proposition qu'on voit quelquefois se produire, et qui consiste à attribuer aux ouvriers admis aux avantages du pécule des parts industrielles en échange de leur réserve. Il me semble qu'il est très important de faire une distinction entre l'argent qu'un ouvrier a pu recueillir en dehors de l'usine ou économiser directement, et celui que son patron a économisé pour lui. Dans le premier cas, le capital est quitte de toute charge morale et donne à son possesseur une complète indépendance, bien qu'il ne lui donne pas le droit, toutefois, d'être reçu à titre d'actionnaire si les chefs de l'usine ne le jugent pas à propos, puisque la question de personne peut primer la question financière. Dans le cas du pécule attribué par le patron à son ouvrier, comme récompense de son mérite, la situation est très différente. La réserve accumulée ainsi est grevée d'une charge morale qui lui ôte sa liberté et ne lui permet pas de jouir des avantages d'un capital indépendant. La seule situation qui lui convienne est celle de l'*obligation*, ce qui n'implique en aucune façon l'ingérance de l'ouvrier dans la direction de l'usine et ne lie le patron que comme débiteur à terme, et non comme associé dans le sens complet du mot.

Quand je me suis servi du mot *association* pour caractériser les rapports qui doivent naître entre patrons et ouvriers, du régime du *Péculat*, c'est que je n'en ai pas trouvé d'autre pour rendre ma pensée ; mais j'ai ordinairement eu le soin d'ajouter l'adjectif *hiérarchique*, pour spécialiser la nature de cette association, qui diffère essentiellement de l'association ordinaire, dans laquelle les droits des associés sont égaux.

Des esprits généreux, qui n'ont probablement pas fait la distinction que je viens d'indiquer, ont poussé leur dévouement à la classe ouvrière jusqu'à proposer d'organiser l'usine en y admettant la réserve des ouvriers sous le régime de la loi du 24 juillet 1867 sur les sociétés. Des trois sortes de sociétés prévues par cette loi, celle à capital variable, qui semblerait se prêter le mieux à cette combinaison, ferait véritablement des ouvriers les maîtres de l'usine. La loi de 1867 limite d'ailleurs l'influence du capital en ne lui accordant, au début, qu'un nombre restreint de voix, malgré son importance plus grande que celle des autres actions disséminées. La pensée que le patron et le capitaliste conserveraient, en raison de l'importance de leurs apports, une influence prépondérante sur la direction de l'atelier, est donc erronée, et il suffit d'apercevoir l'éventualité de la domination ouvrière pour comprendre combien sa direction serait désastreuse.

J'ajoute que, même dans le cas où on parviendrait à paralyser l'influence des ouvriers actionnaires par la prépondérance du capital patronal, on n'aurait mis en œuvre qu'un procédé et on aurait faussé un principe au détriment des ouvriers, qui s'apercevraient certainement du subterfuge et pourraient, à bon droit, en garder rancune.

Mais, de ce qu'il serait imprudent de faire de l'ouvrier un quasi-patron, faut-il conclure qu'il faille le priver de l'*avancement* auquel son mérite peut lui donner un droit légitime, sinon légal? C'est à cet avancement, à cette prime donnée à l'ancienneté, aux bons services, à la vie morale, à tout ce qui constitue enfin l'ouvrier habile et honnête, que le pécule de l'intérêt commun répond. Il y répond en s'augmentant avec le temps, ce qui est le caractère de l'*avancement*. Il y répond en faisant supporter à l'ouvrier, dans la mesure de son influence professionnelle, l'*aléa* industriel, ce qui est le caractère de l'*association*. Enfin, il y répond sans déclasser l'ouvrier, ce qui est le caractère de la *hiérarchie*.

X

OBJECTIONS D'APPLICATIONS.

Il est un reproche qu'on fait souvent au régime de la participation aux bénéfices et qu'on étend volontiers à celui du péculat ; c'est de compromettre l'harmonie dans le cas où les bénéfices diminuent ou disparaissent.

Il est vrai qu'avec la participation aux bénéfices, les ouvriers peuvent se prétendre lésés si, au lieu d'une part sur laquelle ils comptaient, ils n'en reçoivent qu'une moindre ou n'en reçoivent pas du tout. Leur déception peut être d'autant plus cruelle que le partage se faisant à courte échéance, le dividende espéré a dû agir sur le chiffre du salaire et le réduire, sans que cette fois la compensation se soit produite. Toutefois, ce déficit trouve en partie son correctif dans cette circonstance que les règlements des parts étant fréquents, permettent de rompre à bref délai des conventions qui cessent d'être avantageuses et de rendre aux contractants leur liberté.

Il n'en est pas de même sous le régime du péculat, qui n'a pas d'influence sur la fixation du salaire et qui ne constitue qu'une bonification lointaine. Sans doute, et sous la réserve de ce que nous dirons plus loin, s'il est calculé d'après le bénéfice et si ce dernier est minime ou nul pendant une année, le pécule de cette année sera lui-même minime ou nul, et on conçoit que les ouvriers *péculaires* s'en émeuvent ; mais qu'on veuille bien remarquer que cette réduction du pécule, lequel vient par surcroît, n'a réduit en rien, dans cette année désastreuse, le salaire ordinaire de l'ouvrier admis au péculat, et que les années suivantes comme celles qui ont précédé peuvent établir une compensation, fruit de l'aléa caractéristique de l'association. Il serait puéril de ne pas reconnaître qu'il serait plus commode pour l'ouvrier que le pécule fût régulier et indépendant de l'aléa ; mais alors il perdrait son caractère d'intérêt commun et rentrerait dans le cadre des institutions philanthropiques qui n'ont produit, ainsi que nous l'avons vu, aucun résultat social. L'association réduite au pécule variable est certainement aussi mitigée que possible, et assurément bien plus sûre pour l'ouvrier, qui touche du doigt l'entreprise à laquelle il concourt, que la plupart des spéculations hasardées dans lesquelles il compromet et enfouit souvent ses économies.

J'ajoute que si l'émotion produite chez les ouvriers péculaires pouvait avoir pour effet d'inspirer à certains patrons une prudence plus grande dans leurs entreprises, elle serait, à ce point de vue, extrêmement salutaire.

Si, au lieu de bénéfices nuls, il se produisait des pertes, sans entraîner la liquidation de l'usine, le pécule acquis ne s'accroîtrait pas sans doute ; mais il resterait stationnaire jusqu'à une reprise de prospérité ; car le pécule n'est pas un capital-action, c'est un capital-obligation rapportant intérêt, dont le patron est personnellement responsable et qui a l'usine pour gage.

Supposons maintenant qu'au lieu de la réduction ou de la nullité du bénéfice, ou même d'une perte, il s'agisse d'une situation désespérée entraînant la liquidation de l'entreprise ; alors les péculaires jouiront des droits acquis à des obligataires, avec cet avantage que leur créance sera en partie privilégiée à titre de salaire ; et, en vérité, il n'y a pas d'associé qui, sans avoir mis de fonds dans une entreprise, puisse avoir une position meilleure.

Si on supposait que le pécule, au lieu de constituer un capital-obligation, pourrait être un capital-action, on conclurait qu'il devrait supporter la perte, comme celui de tout actionnaire, en supposant, bien entendu, qu'il existât déjà en raison d'une période prospère antérieure.

Dans ce cas, la réduction qu'il devrait subir se calculerait exactement comme s'il s'agissait de gain; mais il ne faut pas perdre de vue qu'alors le péculaire devrait jouir du droit de concourir à l'administration de l'usine, ce qui est essentiellement contraire à la loi hiérarchique du travail. Le pécule ne peut donc être qu'un capital-obligation. Alors, dès qu'il est acquis, il échappe aux chances de pertes et devient une créance du patron. Ce n'est que pendant la période (ordinairement annuelle) d'acquisition que le pécule supporte l'aléa; et cela suffit pour constituer l'association, puisque cet aléa se renouvelle obligatoirement à chaque période, quelle qu'en soit la durée.

Nous venons de supposer, dans ce qui précède, que le pécule était calculé d'après le bénéfice. Beaucoup de patrons protestent contre ce choix, qui dévoilerait le fort et le faible de leurs affaires. Sans bien apprécier cette répugnance, il suffit de l'admettre pour reconnaître que le choix du bénéfice comme base du pécule n'est pas nécessaire, et de fait, certains patrons préfèrent soit la valeur de la production annuelle suivant un tarif moyen, soit le chiffre de la vente. Dans l'un et l'autre cas, le pécule varie suivant un aléa, ce qui constitue l'association, sans posséder toutefois la sincérité de celui qui résulterait du bénéfice; mais ce choix a l'avantage d'écarter des péculaires la pensée d'incriminer leurs patrons d'avoir entrepris des marchés désastreux.

Avec ces bases, les pertes ne se font pas sentir sur le pécule, ce qui, comme nous venons de le dire, écarte la crainte la plus redoutée des patrons, de voir les ouvriers discuter leur administration. En particulier, le chiffre de la production déroute toute espèce de soupçon et établit un rapport naturel, facilement saisissable, entre le pécule et l'activité déployée. Bien qu'il respecte l'aléa moins que le chiffre de vente et que celui des bénéfices, il en conserve cependant assez l'empreinte pour constituer l'association. Il a de plus l'avantage de mettre le pécule à l'abri de la spéculation que le patron pourrait être tenté de faire et lui en laisse toute la responsabilité. Néanmoins, le chiffre de la production variant avec l'importance des affaires, engage naturellement le personnel ouvrier à seconder le patron pour qu'elles soient, en tant qu'il dépend de lui, les meilleures.

En ce qui touche la liquidation de l'usine, volontaire ou forcée, je n'ai qu'à répéter ici ce que j'ai dit précédemment au sujet du péculat basé sur le bénéfice. Il n'est pas possible de trouver une situation meilleure pour un associé évincé que celle d'un péculaire qui se trouve avoir droit à un avantage sans y avoir contribué de ses deniers d'une manière effective. J'ajoute que si un patron gouvernait assez mal son usine pour compromettre même le pécule des ouvriers, ce qui semble impossible, il ne serait jamais assez maudit par son personnel, bien que celui-ci ne fût pas, après tout, dans une situation moindre que s'il avait travaillé dans une usine où le péculat ne serait pas établi. Le pécule pourrait d'ailleurs être garanti par le syndicat des usines dont il sera question plus loin.

Il est entendu que par le chiffre de la production, il ne saurait être question de la valeur de la marchandise ouvrée, puisque la matière première n'entre pour rien dans le travail qu'il s'agit de récompenser. Le chiffre de la production n'est que la valeur du service rendu par la main-d'œuvre, et qui ne se confond pas, le plus souvent, avec le chiffre des salaires.

D'un autre côté, le principe du péculat ne s'applique pas nécessairement à tous les ouvriers de l'atelier. Tout au contraire, pour constituer un *avancement*, il ne doit profiter qu'au personnel d'élite et d'après un *quantum* variable suivant la valeur de l'ouvrier, son ancienneté, etc. Il laisse en dehors une partie du personnel stable, dans lequel il excite l'émulation et forme une espèce de surnumérariat. Enfin il est clair que le personnel nomade ne peut pas prétendre à en profiter.

Le péculat divise donc la classe ouvrière en trois groupes hiérarchiques : les ouvriers qui en profitent, ceux qui sont appelés à en profiter et ceux qui n'en profiteront pas sans changer de position. Il rompt le faisceau anti-social qui trouble si profondément le monde industriel au profit de la Révolution. Il rétablit la hiérarchie dans la main-d'œuvre et prépare la reconstitution des grades professionnels, bases de la corporation.

En résumé, le régime du péculat se réduit souvent à concentrer dans l'usine, en les réglementant, les sacrifices que beaucoup de patrons font déjà, en dehors de l'atelier, pour assurer autant que possible l'avenir de leurs ouvriers.

Aucune combinaison économique qui se préoccupe de la vertu ne respecte, autant que le péculat l'autorité du patron. Elle lui laisse le choix de la base du pécule, du quantum à prélever au profit des péculaires, du quantum de la répartition entre les péculaires. Elle s'en rapporte à sa conscience pour ces choses, ainsi que pour les conditions d'admission au péculat, de sa liquidation, etc. Que peut-on demander de moins aux patrons ?

La liberté du patron est ici tellement complète qu'il est prudent de sauvegarder aussi celle de l'ouvrier et de prévoir le cas où, pour un motif légitime, un péculaire serait obligé de changer d'usine. S'il est bon, en effet, que l'ouvrier soit attaché à son atelier par l'intérêt comme par l'affection, il n'est pas moins nécessaire que ce lien ne soit pas une chaîne et qu'il permette à l'ouvrier de passer d'un atelier dans un autre sans perdre son pécule. Cette condition implique, entre autres combinaisons, le groupement des usines similaires d'une région dont nous allons parler.

XI

DU PATRIMOINE CORPORATIF ET DU SYNDICAT DES USINES.

Pour soustraire l'ouvrier péculaire au lien étroit qui le lie à son usine, et lui permettre de changer au besoin d'atelier, on a pensé à constituer un patrimoine corporatif, formé en dehors des usines, non-seulement par la réunion des pécules ouvriers des usines similaires d'une région, mais aussi par des contributions des patrons de ces usines réunies en syndicat. On espère former ainsi un fonds social, à l'administration duquel tous les intéressés, patrons et ouvriers, prendraient part, et dont le revenu servirait à fournir des secours aux ouvriers et à soutenir accidentellement une usine compromise. Cette combinaison constituerait un bien de main-morte, pour la fondation duquel une loi serait nécessaire. Elle supprimerait entre les usines syndiquées la concurrence exagérée qui aujourd'hui les divise. Fortes de leur entente, elles pourraient maîtriser davantage le marché et assurer un travail permanent et des salaires moins variables à leurs ouvriers.

Cette combinaison pleine de promesses soulève toutefois une réflexion. D'abord, il sera très long de réunir un fonds assez considérable pour que ses revenus suffisent seuls à pourvoir aux besoins qu'ils sont destinés à satisfaire. Ensuite, quand il sera constitué, faudra-t-il cesser de l'augmenter au moyen de pécules et de contributions ; ou bien que fera-t-on de ces ressources, si on continue de les percevoir; et, dans tous les cas, pourquoi les bénéficiaires de l'avenir seraient-ils mieux partagés que les tributaires du passé ?

Mais il y a une autre considération non moins grave: c'est que l'intérêt commun serait déplacé et transporté de l'usine sur un terrain étranger au travail, contrairement à la loi divine. En effet, il ne suffit pas que les trois facteurs du travail soient associés pour répondre à la loi ; il faut que cette association s'exerce sur un objet commun, qui est l'atelier. Si l'association s'établit dans le patrimoine coopératif, c'est ce patrimoine qui devient l'objet commun ; et comme il n'est pas un champ de travail, mais seulement de réserve, l'idée de travail disparaît de la combinaison, pendant que le principe de l'intérêt commun déserte l'atelier.

Ne serait-il pas plus simple d'abandonner l'idée du patrimoine corporatif et de ne retenir que celle du syndicat des usines? Avec ce syndicat, dont les patrons seraient seuls membres, chacun resterait à sa place, et quand un ouvrier devrait changer d'atelier, il passerait avec son pécule d'une usine dans l'autre. Il suffirait donc que le règlement intérieur du syndicat, arrêté entre les patrons, contînt des dispositions pour uniformiser la situation des ouvriers péculaires dans les usines du syndicat, pour en déterminer les grades, fixer au besoin le chiffre de leurs salaires, le *quantum* de leurs pécules, les conditions de l'admission au péculat, de la retraite, des congés, des mutations, les formalités de promotion à des grades successifs. Il faudrait que le syndicat ne s'occupât pas seulement des intérêts des usines, mais que pénétré d'un sentiment plus chrétien que ne le sont ordinairement les réunions d'hommes d'affaires, il prît aussi à cœur l'action moralisatrice et bienfaisante qu'une puissance comme celle-là doit exercer autour d'elle, et qu'il réglementât, sous le regard de Dieu, le lien d'intérêt commun qui doit réunir les trois facteurs du travail.

Il serait digne d'une réunion de patrons chrétiens d'une même industrie et d'une même région d'entreprendre une œuvre semblable. Elle ne nécessiterait pas le concours d'une loi, se renfermerait dans le cadre d'une société d'intérêt mutuel, et exigerait d'autant moins de sacrifices que l'émulation produite par le péculat les compenserait certainement.

De leur côté, si les ouvriers honnêtes comprenaient bien tout ce qu'ils auraient à gagner à une semblable entreprise, ils la faciliteraient par leur modération et par une pression constante sur leurs chefs. Ce sont les patrons qui seuls doivent aborder cette réforme, mais les ouvriers peuvent la hâter par leur attitude consciencieuse et leurs sollicitations persévérantes. C'est sur leurs patrons qu'ils doivent agir, parce que le patronnat est indispensable comme la main-d'œuvre et le capital pour constituer le travail, et que la main-d'œuvre est incapable de trouver en elle seule les éléments de la trilogie industrielle.

Que les patrons chrétiens me permettent d'ajouter qu'ils ont personnellement un grand intérêt à différencier leur manière de faire de celle des autres patrons : j'ai quelquefois entendu dire par les adversaires de l'association que les patrons ne devaient pas appeler leurs ouvriers aux honneurs d'une assimilation avec eux, quelque hiérarchique qu'elle fût, afin de réserver intacte l'honorabilité des chefs qui, peut-être, serait entachée par l'honorabilité moindre des ouvriers.

Si par le mot honorabilité on n'entend que la bonne éducation et les formes polies, nos pauvres ouvriers, dont la rude écorce a été flétrie par la Révolution, n'ont pas à se plaindre de la répulsion que quelquefois ils inspirent ; mais cette apparence n'est que l'enveloppe de l'homme que la justice et la charité nous obligent à apprécier par ses actes plutôt que par son aspect ; de sorte qu'en réalité l'honorabilité est la mesure de l'honneur. Or, un calcul très simple de statistique suffit pour démontrer que l'honorabilité spécifique du groupe ouvrier n'est pas moindre que celle des patrons ; mais que malheureusement ni l'une ni l'autre n'est immaculée (1). C'est autant qu'il en faut, il me semble, pour engager les maîtres chrétiens à abandonner les habitudes de leurs confrères et à prendre publiquement une attitude qui les distingue, non-seulement par des marques extérieures, souvent plus apparentes que profondes, mais surtout par une constitution intime de l'atelier conforme à la loi divine du travail.

(1) La comparaison des statistiques criminelles de la France conduit à constater que la criminalité du groupe des patrons est à celle du groupe ouvrier comme 120 est à 98, c'est-à-dire environ comme 6 est à 5.

XII

CONSÉQUENCES SOCIALES ET POLITIQUES DU PÉCULAT.

Je termine cette étude, bien longue pour une ébauche et cependant bien incomplète encore, par une réflexion importante :

Au fur et à mesure que s'est développé l'outillage mécanique, la pensée des ouvriers, d'abord appliquée à leur œuvre, s'en est peu à peu détachée ; mais comme il n'est pas dans la nature de la pensée de demeurer inactive, elle a dû chercher un autre aliment. Alors elle s'est jetée, sans y être préparée, sur les questions sociales et politiques qui s'agitaient dans l'esprit des rêveurs, et elle devait conclure en s'attribuant l'omnipotence du nombre.

C'est de là qu'est née l'idée du suffrage universel, que les meneurs ont développée pour l'exploiter ensuite. Cette déroute de la pensée ouvrière a produit l'état dans lequel nous sommes. Le mal indique le remède. Il consiste à rendre à la pensée des travailleurs la matière qui lui est propre, celle du perfectionnement de l'atelier, et à l'attirer sur ce terrain par un intérêt personnel. Le péculat atteindrait certainement ce but. Dans les ateliers où il est établi, l'émulation professionnelle se développe naturellement, et conduit à l'abandon des questions qui n'intéressent pas l'atelier. Sans doute, la pensée des ouvriers s'éveillerait aussi à l'occasion de la règlementation de l'intérêt commun, et un débat pourrait s'ensuivre entre les trois facteurs du travail ; mais si chacun était bien pénétré de l'inéluctabilité de la loi divine, il ferait sans difficulté les concessions nécessaires pour conserver la paix. De là, il n'y aurait pas loin pour arriver à l'harmonie sociale ; et si la corporation venait à se constituer sur le péculat, elle donnerait à l'harmonie une consistance suffisante pour combattre victorieusement la Révolution, et faire rentrer dans la société et ses institutions les droits de Dieu aujourd'hui méconnus.

Mais il n'est pas dans la nature des choses qu'une réforme de cette importance débute par l'ensemble pour se compléter par les détails. C'est le contraire qui doit se produire. C'est quand les usines similaires d'une même région auront adopté le péculat, qu'il viendra tout naturellement à l'esprit des patrons de se grouper, dans leur intérêt et celui de leurs ouvriers, et la corporation sortira toute faite de cette entente.

Toutefois, les syndicats de patrons, plus faciles à organiser, peuvent aussi servir de point de départ à la corporation, s'ils n'oublient pas que leur mission n'est pas moins de protéger les ouvriers que de concerter les intérêts des chefs.

Quoi qu'il en soit, l'harmonie ne peut renaître dans le monde du travail que s'il respecte la loi divine qui le constitue et, si le péculat est une des conséquences de cette loi, les catholiques soucieux de la paix sociale doivent employer leurs efforts pour obtenir des patrons chrétiens qu'ils le mettent en pratique.

La méthode est assez large pour s'appliquer sans gêne à toutes les industries; aussi bien à celles dont les produits sont variables qu'aux autres, et il n'est pas douteux que les patrons qui suivront leurs devanciers dans cette voie, en semant le sacrifice et l'abnégation, ne récoltent comme eux le profit et la paix.

Table des matières

Tours. — Imp. Mazereau.

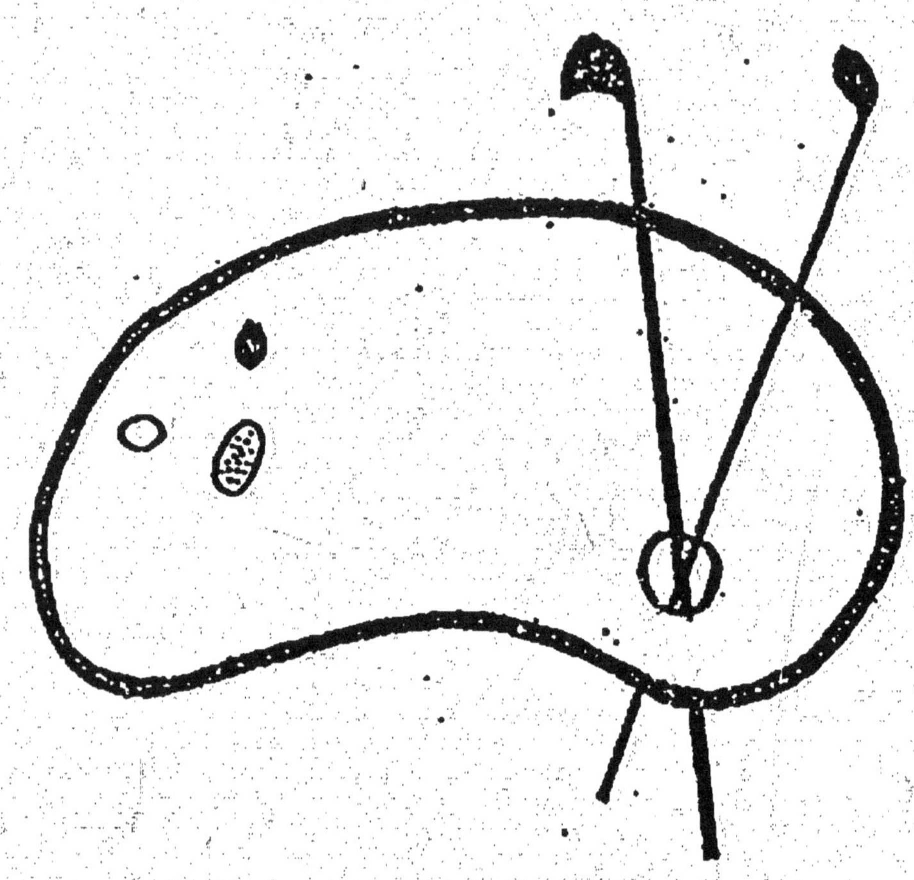

www.ingramcontent.com/pod-product-compliance
Lightning Source LLC
LaVergne TN
LVHW020448230826
846091LV00004B/1600

* 9 7 8 2 0 1 3 5 9 7 5 1 7 *